Rolf Meier

30 Minuten für eine

dauerhafte Selbstmotivation

Bibliografische Information Der Deutschen Bibliothek

Die Deutsche Bibliothek verzeichnet diese Publikation in der Deutschen Nationalbibliografie; detaillierte bibliografische Daten sind im Internet über http://dnb.ddb.de abrufbar.

Wird empfohlen von

N24

Umschlag und Layout: die imprimatur, Hainburg
Lektorat: Diethild Bansleben, Offenbach
Satz: Zerosoft, Timisoara (Rumänien)
Druck und Verarbeitung: Salzland Druck, Staßfurt

2. Auflage 2009

Hinweis:
Das Buch ist sorgfältig erarbeitet worden. Dennoch erfolgen alle Angaben ohne Gewähr. Weder Autor noch Verlag können für eventuelle Nachteile oder Schäden, die aus den im Buch gemachten Hinweisen resultieren, eine Haftung übernehmen.

Printed in Germany

Abonnieren Sie unseren Newsletter unter:
www.gabal-verlag.de

ISBN: 978-3-89749-658-3

In 30 Minuten wissen Sie mehr!

Dieses Buch ist so konzipiert, dass Sie in kurzer Zeit prägnante und fundierte Informationen aufnehmen können. Mithilfe eines Leitsystems werden Sie durch das Buch geführt. Es erlaubt Ihnen, innerhalb Ihres persönlichen Zeitkontingents (von 10 bis 30 Minuten) das Wesentliche zu erfassen.

Kurze Lesezeit
In 30 Minuten können Sie das ganze Buch lesen. Wenn Sie weniger Zeit haben, lesen Sie gezielt nur die Stellen, die für Sie wichtige Informationen beinhalten.

- Alle wichtigen Informationen sind blau gedruckt.

- Schlüsselfragen mit Seitenverweisen zu Beginn eines jeden Kapitels erlauben eine schnelle Orientierung: Sie blättern direkt auf die Seite, die Ihre Wissenslücke schließt.

- *Zahlreiche Zusammenfassungen innerhalb der Kapitel erlauben das schnelle Querlesen. Sie sind blau gedruckt und zusätzlich durch ein Uhrsymbol gekennzeichnet, sodass sie leicht zu finden sind.*

- Ein Register erleichtert das Nachschlagen.

Inhalt

Vorwort

Idealerweise macht Ihnen Ihre Arbeit richtig Spaß, Sie gehen darin auf und können sich gar nicht vorstellen, etwas anderes zu tun. Das wäre schön, ist aber meist fern der Realität. Jede Arbeit macht mal mehr, mal weniger Freude, jede Arbeit wird irgendwann zur Routine. Mal ist man besser drauf, mal schlechter. Deshalb ist die Top-Motivation eine Illusion, bestenfalls eine seltene Ausnahme.

Sicher kennen Sie folgende Situation: Ein verregneter Montagabend. Sie hetzen von der Arbeit nach Hause, es ist bereits dunkel. Wie so häufig haben Sie mal wieder lange gearbeitet, eigentlich zu lange. Trotzdem haben Sie das Gefühl, kaum etwas geschafft zu haben. Jetzt schnell noch ein paar Dinge einkaufen und noch einige wichtige Telefonate erledigen.

Zwei Stunden später sitzen Sie müde vor dem Fernseher und sehen sich einen Film an, der Sie eigentlich gar nicht interessiert, die Augen fallen Ihnen immer wieder zu. Sie beschließen ins Bett zu gehen, denn morgen müssen Sie wieder früh raus, wieder ein Tag wie der heutige und der gestrige. Und immer die gleiche Tretmühle.

Kein Wunder, dass dabei die Motivation schon einmal auf der Strecke bleiben kann.

Um sich selbst zu motivieren, dafür gibt es keinen Zauberstab. Es gibt auch keine Formel, die Sie sich lediglich jeden Morgen aufsagen müssen, um sich Ihren Aufgaben wieder mit Freude und Spaß zu widmen. Nicht einmal ein Motivationsseminar wird Sie auf längere Sicht animieren, sich mit Engagement neuen Herausforderungen zu stellen. Was hilft? Machen Sie sich Gedanken und fragen Sie sich:

- was Sie motiviert
- wo es im Moment mit der Motivation hapert und
- was Sie tun können?

Zusätzlich können Sie ermitteln, ob Sie sich sozusagen bei der Selbstmotivation selbst im Wege stehen, indem Sie es sich unnötig schwer machen. Dann können Sie Schritt für Schritt Motivationshemmnisse abbauen. Dabei kann und will Ihnen dieses Buch helfen. Vielleicht der wichtigste Tipp vorweg: Motivation beginnt im Kopf, wer sie woanders sucht, wird sie nicht finden.

Ich wünsche Ihnen in Ihrem Beruf so viel Motivation und in Ihrem Leben so viel Freude, wie ich bei der Arbeit an diesem Buch hatte.

Rolf Meier

1. Ermitteln Sie Ihre Motivationshemmnisse

Bevor Sie beginnen können, an Ihrer eigenen Motivation zu arbeiten, sollten Sie wissen, was Sie motiviert, aber auch, was Ihre Motivation behindert.

1.1 Was sich hinter dem Begriff Motivation verbirgt

Motivation ist ein ziemlich schillernder Begriff. Viele führen ihn im Munde, viele wissen aber auch nicht so genau, was es tatsächlich damit auf sich hat.
Eins vorweg: Jeder Mensch ist anders. Deshalb gibt es auch kein Allheilmittel, mit dem sich jeder von seinem Frust befreien kann. Was ist denn nun aber Motivation?
Der Begriff kommt aus dem Lateinischen. Das Verb *movere* bedeutet *bewegen, verändern.*
Motivation ist ein Konglomerat aus Motiven, die auf Bedürfnissen beruhen. Hört sich kompliziert an, scheint aber nur so.
Beginnen wir mit den Bedürfnissen. Jeder Mensch tut die gleiche Dinge: arbeiten, Freundschaften pflegen, Kinder in die Welt setzen, in Urlaub fahren usw. Und zwar aus bestimmten Beweggründen heraus, die wir Triebfedern nennen. Die Zahl dieser Triebfedern ist beschränkt. Sie lassen sich auf wenige Bedürfnisse zurückführen.
Motivation ist nur ein anderes Wort für Beweggrund – der Grund, warum wir uns bewegen, etwas tun, angehen, anpacken. Fragen Sie sich: Warum gehen Sie jeden Morgen zur Arbeit?
Warum bleiben Sie nicht einfach liegen? Die Gründe dafür können unterschiedlich sein:

- Sie wollen Ihren Job nicht verlieren.
- Sie sind lieber unter Menschen als alleine zu Hause.
- Sie müssen Ihren Lebensunterhalt verdienen.
- Sie haben eine Verantwortung gegenüber Ihrer Familie.
- Sie gehen gerne zur Arbeit, sie macht Ihnen Spaß.
- Sie wollen Ihre Kollegen nicht im Stich lassen.

Jeder dieser Gründe (und andere auch) kann Ihr Beweggrund sein, meist kommen mehrere Motive zusammen. Beweggründe sind die Antriebskraft für unsere Motive, sozusagen der Motor, der das Auto in Bewegung bringt.
Die Bedürfnisse bestimmen die Motive eines Menschen. Motive sind Anreize, die das Verhalten beeinflussen. Das Zusammenwirken einzelner Motive bildet dann die Motivation.
Da jeder Mensch unterschiedliche Bedürfnisse in unterschiedlicher Ausprägung hat, trifft dies in der Folge auch für die Motive zu. Der Wunsch nach Erfüllung der Bedürfnisse liefert die Motive, die Motive steuern das Verhalten.

Wegen der unterschiedlichen Bedürfnisse in unterschiedlichen Ausprägungen ist jeder Mensch einzigartig. Jeder hat eine ihm eigene Motivationsstruktur. Allerdings ist diese Struktur nicht statisch. Im Laufe der Zeit können Bedürfnisse eine andere Bedeutung erhalten, Motive sich ändern und die Motivation in ihrer Struktur gleich mit.

1.2 Was Sie motiviert

Schreiben Sie bitte spontan auf, was Ihnen bei der Arbeit und im Privatleben **Spaß** macht. Nutzen Sie dazu die folgende Liste:

	Das macht mir Spaß	weil...
1.		
2.		
3.		
4.		
5.		
6.		
7.		
8.		
9.		
10.		
...		

Versuchen Sie herauszufinden, **warum** Ihnen etwas Spaß macht und tragen Sie die Gründe in die Spalte **weil ...** ein.
Mögliche Gründe können zum Beispiel sein:

- Anerkennung
- Ausleben meiner persönlichen Neigungen
- hohe Verantwortung
- neue Herausforderung
- Abwechslung
- gemeinsame Arbeit
- interessante Aufgabe.

Sortieren Sie anschließend die einzelnen Gründe, die Sie notiert haben, nach ihrer **Bedeutung**. Dazu kön-

nen Sie entweder einfach zählen, wie oft ein Grund in Ihrer Liste erscheint, oder aber die einzelnen Gründe auf einer Skala von 1 bis 4 bewerten. 1 steht dabei für „weniger wichtig“ und 4 für „sehr wichtig“.
Als Ergebnis erhalten Sie Ihre **persönliche „Bedürfnishitliste“**.

	Meine persönliche Bedürfnishitliste
1.	
2.	
3.	
4.	
5.	
6.	
7.	
8.	
9.	
10.	
...	

1.3 Ermitteln Sie Ihren Unzufriedenheitsfaktor

Über den „Auslebefaktor“ können Sie feststellen, wie sehr Sie ein Bedürfnis im Alltag erfüllen können.
Dazu übertragen Sie Ihre Bedürfnisse aus der Hitliste in die entsprechende Spalte der folgenden Tabelle. Das Bedürfnis mit der höchsten Priorität kommt dabei nach oben, das Bedürfnis mit der geringsten Priorität entsprechend nach unten.

Priorität	Bedürfnisse	Auslebemöglichkeit				
		sehr gut (1)	gut (2)	weniger gut (3)	schlecht (4)	Punkte
10		❑	❑	❑	❑	
9		❑	❑	❑	❑	
8		❑	❑	❑	❑	
7		❑	❑	❑	❑	
6		❑	❑	❑	❑	
5		❑	❑	❑	❑	
4		❑	❑	❑	❑	
3		❑	❑	❑	❑	
2		❑	❑	❑	❑	
1		❑	❑	❑	❑	

Markieren Sie dann in den Spalten für die Auslebemöglichkeit, wie gut beziehungsweise schlecht Sie jedes Bedürfnis im beruflichen Alltag ausleben können. Multiplizieren Sie diesen Wert mit der Priorität in der ersten Spalte und tragen Sie das Ergebnis in der Spalte Punkte der Tabelle ein.

Ein Beispiel:
Sie haben das Bedürfnis Anerkennung mit der Priorität 10 eingetragen. Die Auslebemöglichkeit ist gut –

also 2. Die Punktzahl beträgt dann 20 (2 x 10). Das Bedürfnis Abwechslung hat bei Ihnen die Priorität 9. Als Auslebemöglichkeit haben Sie sehr gut markiert. Die Punkte ergeben dann für dieses Bedürfnis 9 (1 x 9).

Je höher die Punktzahl ist, desto größer ist Ihre Unzufriedenheit bei der Befriedigung des Bedürfnisses. Suchen Sie deshalb in der Tabelle nach den Bedürfnissen mit der höchsten Punktzahl. Überlegen Sie dann, wo die Gründe für Ihre Unzufriedenheit liegen könnten und gehen Sie gezielt dagegen an.

Anhand der Tabelle können Sie nun Ihren persönlichen „Unzufriedenheitsfaktor“ ermitteln. Er gibt Ihnen Hinweise darauf, wie zufrieden beziehungsweise unzufrieden Sie insgesamt mit der Situation am Arbeitsplatz sind.
Addieren Sie dazu Ihre Punkte, die Sie in der letzten Spalte der Tabelle eingetragen haben und teilen Sie die Summe durch die Anzahl der Bedürfnisse in der Tabelle.

Ein Beispiel:
Für das Bedürfnis Anerkennung haben Sie 20 Punkte eingetragen und für das Bedürfnis Abwechslung 9 Punkte. Die Summe beträgt also 29 Punkte. Ihr persönlicher Unzufriedenheitsfaktor ist dann 14,5 (29 / 2).

Jetzt wissen Sie, wie zufrieden Sie tatsächlich sind:

bis 10 Punkte	Herzlichen Glückwunsch! Sie gehören zu den wenigen Menschen, die mit ihrer Situation nahezu rundum zufrieden sind.
11 – 15 Punkte	Sie sind mit Ihrer Situation weitgehend zufrieden. Es gibt aber noch die ein oder andere Sache, die Ihnen nicht gefällt. Arbeiten Sie daran.
16 – 20 Punkte	Ihre Zufriedenheit liegt im Durchschnitt.
21 – 30 Punkte	Sie sind unzufrieden und laufen Gefahr, den Spaß an der Arbeit und an Ihrem Privatleben zu verlieren.
über 30 Punkte	Sie finden sich in Ihrem Alltag überhaupt nicht wieder und sind extrem unzufrieden. Werden Sie sofort aktiv und gehen Sie gegen Ihre Unzufriedenheit an.

Ihre Motivation hängt von zwei Faktoren ab:
- Sie selbst mit Ihren Wünschen, Einstellungen und Werten

und
- das „Angebot", das Sie in Ihrem Umfeld vorfinden, um Ihre Wünsche zu erfüllen und Ihre Neigungen auszuleben.

Ihre Motivation wirkt sich dabei direkt auf Ihre Zufriedenheit aus. Besonders bei der Arbeit vergleichen Sie Ihre Erwartungen mit dem „Angebot". Was bietet Ihr Arbeitsplatz, wie hoch sind Ihre Erwartungen?

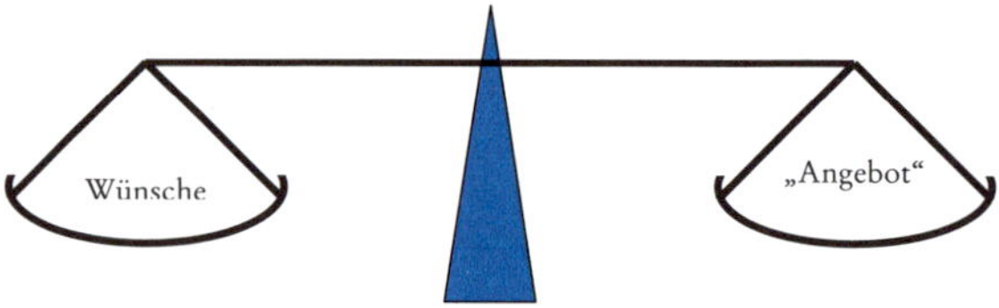

Ist beides in Einklang, dann sind Sie mit Ihrer Arbeit zufrieden. Es sei denn, Sie beginnen, neue Ansprüche zu entwickeln nach dem Motto *Jetzt bin ich schon sechs Jahre in der Firma und habe immer noch nicht ..*
Stimmen Ihre Erwartungen nicht mit den aktuellen Möglichkeiten überein, können Sie natürlich Ihre Ansprüche senken. Doch wer macht das schon gerne? Allerdings tun dies viele unbewusst, indem sie ihre Prioritäten verlagern, die Arbeit weniger als Herausforderung und mehr als Job sehen und sich vielleicht mehr ihrer Familie oder ihren Hobbys zuwenden.
Meist steigt aber die Unzufriedenheit und es sinkt die Motivation. Um das zu verhindern, sollten Sie sich fragen:

- Was sind eigentlich Ihre Erwartungen?
- Was ist Ihnen bei der Arbeit wichtig, was weniger wichtig?
- Wie realistisch sind Ihre Erwartungen?
- Welche Erwartungen werden nicht erfüllt?
- Woran liegt das?
- Was können Sie selbst tun, um Erwartungen und Realität besser in Einklang zu bringen?

Vielleicht ist Ihnen aber auch schon aufgefallen: Die Zufriedenheit ist stark von unserer Einstellung und unseren bisherigen Erfahrungen geprägt. Egal, was wir

tun, egal, in welchen Situationen wir uns befinden: die Erfahrung, die wir im Vorfeld gemacht haben, spielt immer eine große Rolle.
In Bezug auf die eigene Motivation ist dies nicht nur die Frage, wie viele negative Erfahrungen wir gemacht haben – die sich dann auf die Motivation ausgewirkt haben.
Die Frage ist auch, wie wir mit diesen „schlechten" Erfahrungen bisher umgegangen sind und wie wir mit ihnen derzeit umgehen.

Deshalb: Lassen Sie sich durch negative Erfahrungen nicht zu sehr beeinflussen. Und schränken Sie sich nicht unnötig ein.

Die andere Seite der Medaille: Sie haben viele positive Erfahrungen gemacht und sehen Ihre Zukunft und Ihre Möglichkeiten ausgesprochen positiv. Dann werden Sie sich auch entsprechend verhalten, Neues wagen, Risiken eingehen, sich über Erfolge freuen und Rückschläge als nicht dramatisch abhaken.
Unsere Motivation hängt in erster Linie nicht davon ab, wie das Leben mit uns spielt, sondern wie wir das Leben betrachten: Als Jammertal oder als Spielwiese, voller Probleme oder voller Herausforderungen, durch eine graue oder etwa eine rosa Brille.

Analysieren Sie, welche Beweggründe Sie antreiben. Ermitteln Sie auch, wie gut Sie diese Beweggründe ausleben können und welche Faktoren Sie daran hindern. Das ist für Sie ein guter Ausgangspunkt, um zu überlegen, wie Sie Ihre Motivation verbessern können.

2. Hellen Sie Ihren grauen Alltag auf

Mehr Frust als Lust, mehr Langeweile als Herausforderung? Bevor Sie weiter Trübsal blasen, hier die ersten Tipps für Sie. Der Vorteil? Sie sind ohne großen Aufwand umzusetzen und Sie sind dabei auf niemand anderen angewiesen als auf sich selbst:

2.1 Erforschen Sie den Sinn Ihrer Arbeit

Jede Arbeit, jede Aufgabe hat einen Sinn. Um den Sinn Ihrer Arbeit zu erforschen, sollten Sie sich selbst eingehender mit dem Sinn und der Bedeutung Ihrer Aufgabe beschäftigen und auch bei anderen nachfragen:

- Wozu dient Ihre Arbeit?
- Welchen Beitrag leistet sie zum Gesamtergebnis?
- Was würde passieren, wenn niemand diese Arbeit machen würde?
- In wieweit trägt die Arbeit zum Erfolg Ihres Unternehmens bei?

(Fast) jede Arbeit hat auch positive Seiten. Selbst die Arbeit am Fließband kann vorteilhaft sein, etwa dass man bei einer solchen stupiden Arbeit Zeit hat, seine Gedanken schweifen zu lassen.
Falls alles nichts hilft: Machen Sie sich einen Sport aus langweiligen Arbeiten. Versuchen Sie schneller als beim letzten Mal fertig zu werden.

Machen Sie sich zum Sinn Ihrer Arbeit gleich jetzt Ihre Gedanken.
Warum ist das wichtig, was Sie tun? Was würde passieren, wenn niemand Ihre Arbeit machen würde? Schreiben Sie sie anschließend auf.

2.2 Holen Sie sich Ihre verdiente Anerkennung

Lob und Anerkennung sind wichtige Triebfedern für eine gute Motivation. Leider erhält man meist zu wenig davon als zuviel. Denn viele Menschen kritisieren sehr viel lieber und daher öfter als dass sie loben. Das ist leider so und das trifft natürlich auch auf Vorgesetzte zu.

Holen Sie sich die verdiente Anerkennung! Hier drei Vorschläge:

1. Loben Sie andere. Was sich etwas unsinnig anhört, hat einen handfesten Grund. Wer andere lobt, wer anderen für gute Leistungen Anerkennung gibt, schafft ein Klima, in dem Lob und Anerkennung an Normalität gewinnen. Im Sinne einer Austauschtheorie erhöht sich somit die Chance, ebenfalls gelobt zu werden. Probieren Sie es aus. Es klappt meist ganz gut.
   Dies gilt für Ihre Mitarbeiter, Ihre Kollegen, für Kunden und natürlich auch für Ihren Chef. Der erfreuliche Nebeneffekt: Meist verbessert sich durch Ihr Lob und durch Ihre Anerkennung gleich die Beziehung zu Ihrem Gegenüber mit. Ihren Chef zu loben sollte für Sie normal sein. Sie erwarten das ja auch von ihm.
2. Gehen Sie mit Ihren guten Leistungen hausieren. Sie haben gerade ein gutes Konzept erarbeitet, einen großen Auftrag akquiriert, eine positive Rückmeldung von einem wichtigen Kunden bekommen. Warum erzählen Sie das nicht weiter? Zum Beispiel Ihrem Chef? Die Chance, dann ein positives Feedback zu bekommen, ist recht hoch.

3. Schaffen Sie Höhepunkte, sogenannte Highlights. Niemand lobt Sie dafür, dass Sie Ihre tägliche Arbeit stetig gut machen. Dies wird meist als Selbstverständlichkeit genommen. Gelobt wird eher für Außergewöhnliches, meist für Dinge mit einer großen Außenwirkung. Schaffen Sie bewusst Gelegenheiten, um Ihr Können zu präsentieren:
   - eine Präsentation vor Kunden zu halten
   - eine wichtige Sitzung zu moderieren
   - sich in einem Projekt zu profilieren.

Die meisten Erfolge können Sie in Bereichen einheimsen, wo andere sich nicht trauen, weil Sie sich etwa scheuen, vor Publikum zu agieren. Vielleicht spezialisieren Sie sich auf solche Gelegenheiten. Dazu gehören Methodenkenntnisse, etwa in Rhetorik, Projektmanagement, Moderations- und Präsentationstechnik, die Sie am besten durch Teilnahme an einem Seminar erwerben. Dazu gehört auch und vor allem viel Übung. Nutzen Sie jede Gelegenheit, sich zu präsentieren.

Schaffen sie Höhepunkte in Ihrem Arbeitsalltag und lassen Sie andere an Ihrem Können teilhaben. Falsche Bescheidenheit nutzt Ihnen auf Dauer nichts.

2.3 Sorgen Sie für ein angenehmes Umfeld

Fühlen Sie sich in Ihrem Büro wohl? Ist es so eingerichtet, wie Sie sich auch daheim einrichten würden? Weil Sie sehr viel Zeit an Ihrem Arbeitsplatz verbrin-

gen, sollte er auch Ihren Bedürfnissen entsprechen – ein Platz sein, an dem Sie sich wohlfühlen.
Natürlich können Sie nicht hingehen, alle Möbel rauswerfen, sich einen Schaukelstuhl und einen Fernseher ins Büro stellen. Meist sind es Kleinigkeiten, die den Raum zu einem schönen Arbeitsraum werden lassen. Das fängt schon mit dem Licht an. Zu grelles oder zu schummriges Licht können einem schnell aufs Gemüt gehen. Untersuchungen zeigen: Selbst die Leistungsfähigkeit ist abhängig von der richtigen Beleuchtung.
Hier einige Anregungen, wie Sie sich ein „heimeliges" Umfeld im Büro schaffen:

1. Bringen Sie Farbe ins Zimmer.
Viele Büros sind in weiß und grau und anderen langweiligen Farben gehalten. Wenn Sie daran nichts ändern können, können Sie Farbtupfer setzen, etwa über Bilder oder Plakate.

2. Umgeben Sie sich mit Dingen, die Sie mögen.
Sie lieben Pflanzen? Warum haben Sie dann keine im Büro? Pflanzen verbessern das Raumklima. Sie haben gerne Blumen? Warum stellen Sie sich dann nicht mal einen Strauß auf den Schreibtisch? Sie haben nette Kinder, einen drolligen Hund? Warum stellen Sie nicht Bilder von ihnen auf? Sie haben eine Lieblingsstadt, eine Lieblingsküste, ein Lieblingsgebirge? Wo ist das Plakat in Ihrem Büro, auf das Sie ab und zu mal schauen um sich an dem Anblick zu erfreuen?
Dies sind nur Beispiele. Sicherlich fallen Ihnen noch andere Dinge ein, um Ihr Büro freundlicher zu gestalten.

3. Schaffen Sie sich Blickfreiheit.
Was sehen Sie, wenn Sie von Ihrer Arbeit aufblicken? Eine weiße Wand oder Ihr Büro? Können Sie vielleicht sogar aus dem Fenster blicken? Beim Arbeiten gegen die Wand zu sehen, ist nicht gerade motivierend und auch nicht gut für die Augen, denn Ihre Augen sollen zwischen Nahsicht und Fernsicht abwechseln können. So bleiben sie im Training.
Blickfreiheit schaffen Sie auch, wenn Ihre Augen nicht immer auf überbordende Regale und überfüllte Ablagekörbe blicken müssen. Schaffen Sie aus Ihrem Büro raus, was Sie nicht brauchen, was Sie eher stört. Aufgeräumte Zimmer suggerieren Ihnen nicht andauernd, wie viel Arbeit Sie noch haben.

Schaffen Sie sich eine Umgebung, in der Sie sich wohlfühlen, wo Sie Ihren Blick schweifen lassen können und eine freundliche Atmosphäre haben. Und denken Sie dran: Von alleine ändert sich nichts.

2.4 Seien Sie nett zu sich selbst

Manchmal geht es eben schlecht. Jammern Sie nicht. Nutzen tut dies aber nichts. Eine bessere Idee ist, sich ein positives Gegenbild zu schaffen. Beispiel: Sie fühlen sich im verregneten März und April immer etwas niedergeschlagen, aber danach kommt ja der Wonnemonat Mai. Eigentlich ein Grund sich zu freuen, oder nicht?

Schreiben Sie bitte auf, was Sie im Moment besonders stört und suchen Sie ein passendes Gegenbild dazu.

Motivieren Sie sich, in dem Sie sich beispielsweise an einem kalten Novembertag ins Reisebüro begeben und sich dort die nächste Sommerreise aussuchen. Allein der Anblick der sonnigen Landschaften dürfte Sie wieder in eine gute Stimmung versetzen. Probieren Sie es einfach aus!

2.5 Gehen Sie neue Wege

Sicher kennen Sie Ihren Weg zur Arbeit auswendig. Auch andere Wege sind Ihnen sicherlich sehr vertraut? Was hindert Sie daran, ausgetretene Wege ab und zu zu verlassen, andere Wege auszuprobieren, dabei auch einmal einen Umweg in Kauf zu nehmen?

Der Lohn: Sie werden Neues entdecken, vielleicht auch die eine oder andere Überraschung erleben. Nehmen Sie sich Zeit dafür! Aber auch das hat seine Vorteile: Denn in der Hektik des Alltags dürfte solch eine Verschnaufpause mit ihren neuen Eindrücken Ihnen sicher gut tun. Wechseln Sie auch mal das Transportmittel. Fahren Sie Rad, gehen Sie auch mal zu Fuß, auch wenn es nur eine Straßenbahnstation ist. Der schöne Nebeneffekt: Sie tun auch noch etwas für Ihre Gesundheit!

Nutzen Sie Freizeiten, Wartezeiten, Mittagspausen, um Neues zu entdecken. Verlassen Sie auch mal den Besprechungstisch, schlagen Sie Ihrem Gesprächspartner einen Spaziergang vor.

Hier noch weitere Anregungen:

- Besuchen Sie einmal zum Essen andere Lokale als gewöhnlich.

- Gehen Sie mittags nicht in die Kantine, gehen Sie spazieren.
- Suchen und besuchen Sie Parks – und seien sie noch so klein und anscheinend unscheinbar.
- Auch Friedhöfe können als Oasen der Ruhe interessant sein.
- Sehen Sie sich einmal Stadtteile an, die Sie nicht kennen.
- Schauen Sie einmal in Museen und Galerien vorbei.

Sicher fallen Ihnen noch mehr Orte ein, die Sie sich schon lange einmal näher ansehen wollten.
Umwege erhöhen die Ortskenntnisse – auch das kann man im tatsächlichen und im übertragenen Sinn deuten.

Schreiben Sie spontan fünf Möglichkeiten auf, wie Sie neue Wege suchen und finden können. Was wollen Sie in der nächsten Zeit einmal ausprobieren. Worauf sind Sie neugierig?

2.6 Probieren Sie einmal etwas völlig anderes aus

Haben Sie schon mal eine Expedition in eine Wüste mitgemacht? Waren Sie schon mal beim Karneval in Venedig? Haben Sie sich schon einmal mit dem Thema Feng Shui beschäftigt oder an einem Töpferkurs teilgenommen?
Nein? Warum nicht? Jetzt fallen Ihnen sicherlich sehr viele Ausreden ein: „Liegt mir nicht“, „Ist mir zu auf-

wändig, „Kostet unnötig Geld" oder schlicht „Kann ich nicht".

Aber ehrlich: Fast immer verbirgt sich hinter einem „Kann ich nicht" etwas anderes, nämlich ein „Will ich nicht." Werden Sie sich dieses Mechanismus, dieser Abwehr bewusst und analysieren Sie, welche Gründe sich tatsächlich hinter Ihren Ausreden verbergen. Häufig finden Sie Unlust, Bequemlichkeit, Befürchtungen, negative Erfahrungen.

Gerade weil Ihnen so etwas eigentlich nicht liegt und weil Sie sich bereits ein (Vor-)Urteil gebildet haben, sollten Sie es einmal ausprobieren. Sonst schränken Sie sich unwillkürlich und unnötig ein. Solche unbewussten Einschränkungen passieren uns schnell. Bildlich gesprochen gibt es für jeden von uns eine riesige Zahl von Wegen, die wir gehen könnten. Allerdings versperren viele von uns sich diese Wege durch eine selbstkreierte Schranke, ganz nach dem Motto: „Das ist nichts für mich". Je häufiger Sie sich einschränken, desto weniger Möglichkeiten bleiben am Ende übrig. Ab einem gewissen Moment kann es dann sein, dass Ihnen Ihr Leben sehr überschaubar und langweilig erscheint. Für diese Haltung, sich selbst einzuschränken, gibt es einen Fachausdruck. Er lautet *Rigidität*.

Machen Sie sich eine Liste. Schreiben Sie sich zehn Punkte auf.

- Was haben Sie noch nie ausprobiert?
- Wo haben Sie nach ersten Erfahrung die Flinte ins Korn geworfen?
- Was könnte für Sie doch einen gewissen Reiz haben?

Sie haben noch eine weitere Möglichkeit: Sie können nicht nur Neues ausprobieren, sondern auch einmal etwas Gewohntes weglassen. So zum Beispiel:

- Sie gehen immer mit anderen Essen oder ins Kino. Probieren Sie es mal alleine.
- Sie schauen abends beim Essen gewohnheitsmäßig fern. Lassen Sie das Fernsehen mal weg.

Motivation lässt sich schaffen! Indem Sie den Sinn Ihrer Arbeit erkennen, sich Anerkennung verschaffen, für ein angenehmes Umfeld sorgen und bewusst andere Wege gehen.

3. Sehen Sie Herausforderungen anstatt Probleme

Viele Menschen sehen in vielen Dingen zuerst vornehmlich Probleme. Verfallen Sie nicht in eine Klagehaltung. Mit der Einstellung „Das geht doch nur schief“ oder „ Das klappt doch ohnehin nicht“, schaffen sich viele Menschen eine Entschuldigung dafür, sich resigniert zurückzuziehen.
Eine sichere und bequeme Haltung. Diese Menschen sehen es dann als Bestätigung ihrer Haltung an, wenn tatsächlich einmal etwas nicht klappt, so gering das „Problem“ auch sein mag. Das Bemerkenswerte: Wer so denkt, wird sich meist auch so verhalten, dass ein Misserfolg wahrscheinlich wird.

3.1 Hüten Sie sich vor Ihrem größten Kritiker

Viele Menschen sind sich selbst der größte Kritiker. Sie sind mit sich selbst grundsätzlich unzufrieden und sehen sich selbst in einem negativem Licht. Selbstkritik äußert sich häufig in inneren Dialogen, die von negativen Einschätzungen und destruktiven Gedanken geprägt sind. Die Folge: Sie demotivieren sich immer mehr, bis Sie in Ihrem persönlichen Jammertal gelandet sind. Selbstmitleid ist manchmal ganz heilsam für die verletzte Seele, aber eben nur manchmal. Machen Sie sich nicht selbst „runter“. Denken Sie an Ihren Erfolg, nicht an Ihren Misserfolg!

Ihre Gedanken bestimmen, was Sie als positiv empfinden und was nicht, wo Sie sich selbst unter Stress setzen oder Dinge geruhsam angehen.

Gehen Sie mit sich selbst nicht zu streng um. Eine gute Motivation hat auch damit zu tun, was für ein Bild Sie von sich selbst haben und wie Sie sich behandeln. Wenn Sie sich selbst immer wieder einreden, dass Sie nichts taugen und nichts zuwege bringen, wenn Sie dauernd an sich selbst herumnörgeln, werden Sie sich genauso fühlen: nämlich klein, hässlich, als Versager.... So würden Sie sicher mit keinem anderen Menschen umgehen. Warum sollten Sie das dann bei sich selbst tun?
Machen Sie sich auch nicht für alles und jedes verantwortlich. Wenn etwas nicht klappt, muss es nicht immer an Ihnen liegen, etwa wenn Sie einen Auftrag nicht bekommen, wenn jemand nicht mehr so nett zu Ihnen ist wie früher, wenn Ihnen ein Geschäft durch die Lappen geht, wenn jemand eine Verabredung mit Ihnen absagt.

Schreiben Sie auf:
Über welchen Misserfolg haben Sie sich in den letzten Wochen am meisten geärgert?
Welche Gründe können dazu beigetragen haben, dass es hierzu kam? Achten Sie bitte darauf, nur Gründe aufzuschreiben, die nicht Sie selbst betreffen:

Versuchen Sie sich selbst nicht so wichtig zu nehmen. Versuchen Sie auch einmal über sich und über Ihre „Tollpatschigkeit" zu lachen. Versuchen Sie es auch einmal mit dem folgenden Trick: Beenden Sie Ihren Tag auf möglichst positive Weise: Überlegen Sie, was an diesem Tag besonders angenehm für Sie war oder wann genau Sie mit sich zufrieden waren. Dies ist ein nützliches Gegenprogramm zur Problemsicht.

3.2 Hindern Sie sich nicht selbst

Die Person, welche Sie am meisten einschränkt, sind mit guter Wahrscheinlichkeit Sie selbst. Sie leben in Ihrer Realität und haben Ihre Überzeugungen, die Ihnen Ihre Eltern mitgegeben haben und die sich in vielen Erfahrungen bestätigt haben.
Negative Erfahrungen haben noch eine zweite, weitreichende Folge: Dinge, die Sie negativ sehen, versuchen Sie zu vermeiden.

Ein Beispiel: Sie haben Ihren letzten Urlaub in Ägypten verbracht: Die Händler waren aufdringlich, den Nil mit seinen Altertürmern fanden sie langweilig und zudem wurde Ihnen die Geldbörse gestohlen. Logische Konsequenz: In dieses Land fahren Sie nicht mehr.
Was vielleicht ein Fehler sein könnte, denn Ägypten bietet noch viel mehr: Baden und Tauchen am roten Meer, abenteuerliche Ausflüge in die Wüste usw. Und auf Ihr Portemonnaie könnten Sie besser aufpassen!
Wenn Sie aufgrund einzelner negativer Erfahrungen

bestimmte Dinge „abhaken“ und sie von der Liste der Möglichkeiten streichen, so verlieren Sie natürlich Alternativen. Sie schränken sich immer mehr ein. Spätestens wenn Sie immer am selben Ort Urlaub machen, oft mit den gleichen Menschen zusammen sitzen und abends lediglich der Fernseher einschalten, kommt Ihnen Ihr Leben bestimmt nicht mehr so attraktiv vor. Erschwerend kommt hinzu, dass Erfahrungen generalisiert werden: Menschen schließen von Einzelerfahrungen auf ganze Erfahrungsfelder. Solche Generalisierungen werden im Unbewussten gespeichert und dann nicht mehr in Frage gestellt. Das ist dann einfach so:

- Sie sind unmusikalisch
- Arabische Länder sind nichts für Sie
- Für die Disco sind Sie zu alt
- Für eine Kreuzfahrt sind Sie zu jung.

Überprüfen Sie bitte einmal alle diese Annahmen über sich, die Sie im Kopf haben. Was ist alles „nichts für Sie"? Machen Sie sich dazu eine Liste:

____

____

____

____

____

Überprüfen Sie die Richtigkeit der Annahmen. Haben Sie wirklich verschiedene Gelegenheiten genutzt, um diese Annahmen auf ihren Realitätsgehalt zu überprüfen? Wie lange Zeit ist das her?

Fragen Sie auch Partner und Freunde, was diese glauben. Achten Sie jedoch darauf, dass Sie sich nichts ein-

reden lassen. Wenn Sie nicht sicher sind, ob die einzelnen Annahmen tatsächlich zutreffen, gibt es nur ein Mittel, das heraus zu bekommen: Ausprobieren.
Sehen Sie alles das, was Sie angeblich nicht können oder für das Sie angeblich nicht begabt sind, als sportliche Herausforderung an. Sagen Sie sich: „Ich probiere es, schaden kann es ja nicht. In jedem Fall werde ich dabei Erfahrungen gewinnen und meine Fähigkeiten besser einschätzen können. Wenn ich Glück habe und mich der neuen Sache mit Engagement widme, lerne ich ein interessantes Gebiet kennen, erweitere meine Fähigkeiten und werde noch besser."

Achten Sie im Alltag auf solche negativen Annahmen und Glaubenssätze. Sie schränken Sie unnötig ein. Schreiben Sie bitte Ihre negativen Gedanken auf. Danach suchen Sie bitte den positiven Gegensatz und versuchen, zukünftig den negativen Satz bewusst durch den positiven zu ersetzen.

3.3 Nutzen Sie die Kraft Ihrer Gedanken

Nicht jeder Tag ist Ihr bester Tag. Nicht immer können Sie „gut drauf" sein. Nicht immer klappt alles reibungslos. Das ist normal. Die Frage ist nur, wie Sie darauf reagieren. Gelassen und vielleicht mit einem Lächeln oder etwa klagend?
Kein Mensch hat immer nur Pech. Haben Sie ein Auge auf positive Dinge, auf die Alltagserfolge. Achten Sie auch die kleinen Erfolge. Loben Sie sich selbst.

Lernen Sie, selbst aus einer schwierigen Situation das Beste zu machen, indem Sie zum sogenannten „Positiv-Denker" werden. Es geht darum, den Alltag nicht als Jammertal, jedes kleine Problem nicht als Belastung zu erleben. Denken Sie an den Einfluss Ihrer Einstellung auf Ihr Erleben.
Gedanken haben die Tendenz, sich zu verwirklichen. Gleichgültig, ob es sich um positive oder negative Gedanken, um unterstützende oder belastende Gedanken handelt. Man spricht hier auch von „self-fullfilling prophecies" (Selbsterfüllende Prophezeiungen).

Ein Beispiel: Als Sie den Wecker hören, steht der Zeiger bereits auf 7:00 Uhr. „Das wird ja ein Tag werden", denken Sie sich. Das Binden der Krawatte dauert eine Ewigkeit. Je mehr die Zeit drängt, desto weniger ist ein guter Knoten möglich. Beim Eingießen des Kaffees landen einige Spritzer auf dem frischen Hemd, ein frisches Hemd ist angesagt. Ununterbrochen gehen Ihnen die schlimmsten Gedanken durch den Kopf: Der Wagen springt nicht an, Stau auf der Autobahn, Parkplatz suchen, unvollständige Unterlagen für die Besprechung ....
Werden Sie sich Ihrer automatisch ablaufenden Gedankengänge bewusst. Ändern Sie Ihre negativen Gedanken und fördern Sie Ihre positiven Gedanken. Lernen Sie, Ihre Gedanken wirksam für sich einzusetzen und die Wirkung Ihres eigenen Unbewussten zu steuern.
Je besser Sie Ihre automatisch ablaufenden Muster kennen, desto einfacher ist es, sie ggf. umzuprogrammieren.

3.4 Programmieren Sie sich auf positive Gedanken

Gehen Sie an neue Situationen mit Elan heran, unter dem Motto *Diesmal wird es schon klappen, so uninteressant ist das gar nicht.* Oder herrschen negative Gedanken vor, wie: *Ich schaffe das sowieso nicht, ich bin unfähig, das hat mir noch nie Spaß gemacht?*

Reden Sie sich nichts ein. Wenn Sie sich immer wieder sagen: „Das ist nichts für mich," werden Sie über kurz oder lang selbst daran glauben und sich (unbewusst) meist dann auch noch so verhalten, als wäre die Aufgabe tatsächlich nichts für Sie.

Positives Denken setzt bei unbewussten Mustern, Gedanken und Verhaltensweisen an.

Positives Denken nutzt das Unbewusste, um die negativen und blockierenden Gedankengänge „umzuprogrammieren". Die Situation kann oft nicht beeinflusst werden, lediglich die Folgen. Ärger, Angst und Kummer dürfen sein. Aber sie sollen nicht den Blick nach vorne verschleiern.

Es ist kein Geheimnis, dass wir uns dann wohlfühlen und dadurch engagiert und leistungsfähig sind, wenn wir unser Leben als positiv empfinden, wenn wir also eine optimistische und vertrauensvolle Sicht unserer Lebensumstände haben.

Eine solche Lebenseinstellung können Sie sich antrainieren. Nehmen Sie Abschied von Schwarz-Weiß-Malerei. Sie müssen sich ja nicht die sprichwörtliche „rosa Brille" aufsetzen.

Fangen Sie gleich an zu üben!

Positives Denken und positive Motivation lassen sich durch Übung lernen und verstärken. Überlegen Sie kurz, was Sie an diesem Tag an Positivem und Angenehmen erlebt haben. Erinnern Sie sich bitte ganz intensiv daran, fühlen Sie noch etwas den guten Gefühlen nach. Der erste Schritt ist immer die Bewusstmachung der negativen und hinderlichen Einstellungen. Sobald Sie sich diese so konkret wie möglich bewusst gemacht haben, formulieren Sie das Gegenstück.

Das Gedankenmuster „Ich bin ein Versager, mir gelingt nichts" wird umformuliert in „Ich schaffe es, meine Arbeit gelingt mir".

Führen Sie sich zu einem „Aha-Erlebnis", wenn der passende positive Gedanke ausgesprochen oder aufgeschrieben ist. Der positive Gedanke muss natürlich realistisch gesetzt sein; Wunder können auch unsere Gedanken nicht vollbringen.
Damit ist gewissermaßen der Zielzustand gesetzt. Unser Unterbewusstsein hat die Kraft, den neuen Zustand mit der Zeit umzusetzen. Je intensiver der gewünschte Zustand, der neue Gedanke in der Phantasie mit allen Sinnen vorgestellt wird (Visualisieren), desto kraftvoller ist der positive Gedanke.

Eine gute Motivation hat viel mit der eigenen Einstellung zu tun. Mäkeln Sie selbst an sich herum, legen Sie sich selbst Steine in den Weg, wird Ihr Handeln bestimmt durch Glaubenssätze, die vielleicht seit Jahrzehnten keine Gültigkeit mehr für Sie haben? Programmieren Sie sich auf positive Gedanken, lassen Sie Ihre inneren Kritiker und Miesmacher zurück.

4. Machen Sie es sich nicht unnötig schwer

Stellen Sie sich vor, Sie fahren Fahrrad und haben einen langen Anstieg vor sich. Würden Sie dann in den größten Gang schalten und sich mit viel Mühe in die Pedalen stemmen? Sicher nicht. Manche Menschen verhalten sich bei der Arbeit und im Privatleben aber genau so. Sie powern und powern sich dabei aus.
Rennen Sie nicht dem perfekten Leben nach, versuchen Sie nicht, alles zu erreichen. Konzentrieren Sie sich auf das, was Ihnen wirklich wichtig ist. Ansonsten werden Sie wahrscheinlich sich selbst unglücklich machen. Denn alles zu erreichen ist unmöglich.

4.1 Setzen Sie nicht nur auf Leistung und Karriere

„Ich will der Beste sein. Keiner soll an mir vorbei ziehen.“ Wenn Sie so denken, möchten Sie möglichst immer auf der Siegerseite stehen. Zurückstecken, anderen Menschen den Vortritt lassen, fällt Ihnen sehr schwer.
Viele Menschen sind sehr ehrgeizig, wollen andere überflügeln und nehmen dabei in Kauf, sehr viel Zeit und sehr viel Energie in dieses Ziel zu investieren. Wichtig sind für sie nur Geld, Erfolg und Statussymbole: größere Befugnisse, größere Entscheidungskompetenzen, das größere Zimmer, „wichtigere“ Gesprächspartner, die Einladung zu bestimmten Treffen. Aber man kann nicht immer nur Erfolg haben. Und auch Erfolg bringt nicht immer den erhofften „Kick“. Langfristig wird die Motivation eher leiden als steigen.
Wenn Sie sich zu sehr um Ihre Karriere bemühen, ohne dass Sie sich um sich selbst kümmern und nicht auf Ihre anderen Bedürfnisse achten, können Sie schnell in zwei Fallen geraten:

- Sie begeben sich in Abhängigkeit von einer Sache, setzen sozusagen alles auf eine Karte. Irgendwann gibt es aber in jeder Karriere Brüche, den Senkrechtstarter gibt es heutzutage immer seltener. Brüche, Stockungen, Unsicherheiten können aber die eigene Motivation sehr in Mitleidenschaft ziehen. Die Gleichung: mehr Einsatz gleich schnellere Karriere gleich mehr Zufriedenheit geht nicht unbedingt auf.
- Sie vernachlässigen andere Quellen für Ihre Motivation, weil Sie sie nicht pflegen. Spätestens wenn es Rückschläge bei der Karriere gibt, werden Sie diese anderen Quellen schmerzlich vermissen.

Machen Sie sich die Nachteile einer solchen Haltung bewusst. Sie setzen sich unnötig unter Stress, haben wahrscheinlich zudem Probleme mit Ihren Kollegen, vielleicht sogar mit Ihrem Vorgesetzten, der langsam einen Konkurrenten heranwachsen sieht. Jedes noch so kleine Hindernis auf dem Weg, jedes Anzeichen für mangelnden Erfolg wird dann schnell zu einer kleinen Katastrophe. Sie verlieren Ihre Lockerheit und Ihre Souveränität. Ganz zu schweigen vor Ihrer Motivation. Überlegen Sie bitte:

- Wie wichtig ist Ihnen Karriere, welche Energie wenden Sie dafür auf?
- Wieviel Zeit bleibt noch für Freizeit übrig, für Ihre Familie, für Ihre Freunde, für Ihre Hobbies?
- Reicht diese Zeit aus, damit Sie sich wirklich erholen und neue Kraft für den Job holen können?
- Wie stark leidet Ihr Privatleben unter Ihrem beruflichen Engagement? Welche Folgen wird dies langfristig haben?

Bedenken Sie bitte auch: Es ist nicht nur die reelle Zeit, die Ihr Job Sie in Anspruch nimmt, sondern er beschäftigt Sie auch gedanklich und emotional. Vielleicht verbringen Sie Zeit mit der Familie, in Gedanken kommen Sie aber nicht vom Beruf los.

4.2 Gehen Sie behutsam mit Ihrer Energie um

Jeder Mensch hat nur eine bestimmte Energie zur Verfügung. Überforderung nutzt die Energiereserven aus, die ständig aktiviert werden müssen. Allerdings sind auch diese Reserven beschränkt. Zu viel Raubbau tut keinem gut.
Achten Sie darauf, dass Sie sich nicht selbst überfordern. Deshalb sollten Sie auf Ihre Belastung achten und rechtzeitig gegensteuern, wenn sie zu hoch wird, damit aus der Belastung keine Überlastung wird.
Fragen Sie sich: Wie sieht Ihre momentane Belastung aus? Fordern Sie sich im Moment zu stark? Hat dies vielleicht schon negative Auswirkungen auf Ihre Motivation?
Um das zu ermitteln, sollten Sie sich Ihre Belastung im Detail ansehen.
Bei Belastungen lassen sich drei verschiedene Formen unterscheiden:

Alltagsstress

- Dazu gehören: Überforderung, Niederlagen, quälende Ereignisse, ständige Eile oder Hetze, unangenehme Überraschungen, Meinungsverschiedenheiten, Konflikte, schwierige Situationen u.a.

Belastende Gefühle

- Dazu gehören: Seelische Spannung, Erregung, Angst, Furcht, Ärger, Wut, Unsicherheit, Verzweiflung, Traurigkeit, Kraftlosigkeit, Resignation.

Seelische Belastungen

- Dazu gehören alle Situationen, die Ihnen über längere Zeit deutlichen Stress machen, etwa Krankheiten, Arbeitslosigkeit oder Trennung von Ihrem (Ehe)/Partner.

Je größer Ihre private Grundbelastung, desto schneller kann es schon bei Kleinigkeiten zu Überlastung kommen. Wenn Sie sich vor Überlastung und damit vor dem Motivationsverlust, der damit so häufig einher geht, schützen wollen, sollten Sie eine Regel beachten:

Je höher die Grundbelastung, desto weniger Stress sollten Sie ansonsten haben, im Beruf und im Privatleben.

Zu viele Baustellen sind selten gut. Vermeiden Sie es, sich zu viele Stressfaktoren auf einmal zu schaffen. Machen Sie es sich selbst nicht zu schwer. Wenn Sie sich in einem Bereich stark engagieren (müssen), sollten Sie andere Dinge auf kleiner Flamme halten. Beispiel: Wenn Sie eine neue Aufgabe im Beruf übernehmen, sollten Sie nicht mit dem Bau eines Hauses beginnen.
Machen Sie sich eine Liste aller Belastungen und aller Stressfaktoren, die Sie im Moment für sich sehen. Das ist der erste Schritt, um sich bewusst zu werden, wie Sie besser damit umgehen können.

Beispiele:

- Sie haben zwar eigentlich viel zu viel zu tun und müssten mal kürzer treten, aber die Arbeit macht Ihnen im Moment so viel Spaß, dass Sie das gar nicht wollen.
- Sie haben ein Projekt, das fristgerecht abgeschlossen werden muss, und Sie wollen oder müssen alles Wichtige selber tun.

Setzen Sie Prioritäten und gehen Sie eine Belastung nach der anderen an.
Sehen Sie sich Ihre Belastungen genauer an. Suchen Sie alle Belastungen und Stressfaktoren aus der Liste aus, die Sie reduzieren wollen. Es sollten nur die Belastungen übrig bleiben, an denen Sie tatsächlich nichts ändern wollen oder können.

4.3 Konzentrieren Sie sich auf Ihre Stärken

Viele Menschen hadern mit sich, dass sie dies oder das nicht können. *Ich werde nie ein ordentlicher Mensch werden. Kundengespräche sind nichts für mich. Ich werde nie richtig Englisch lernen.*

Die andauernde Beschäftigung mit Ihren vermeintlichen Schwächen führt meist nur zu einem Punkt: Sie fühlen sich klein, schwach, ungenügend, was sich wiederum auf Ihre Motivation auswirkt.
Dabei vergisst man oft die Dinge, die man wirklich gut kann, auf die man stolz sein kann. Jeder Mensch hat solche Stärken. Der eine kann gut Menschen überzeugen, der zweite ist besonders gut geeignet für knifflige Aufgaben, der dritte ist ein guter Zuhörer.
Das Schöne ist, dass es einen engen Zusammenhang gibt zwischen dem, was man gut kann und dem, was man gerne macht. Deshalb macht es meistens viel mehr Sinn, sich auf seine Stärken zu konzentrieren. Hier wird man viel leichter und viel eher Erfolge haben, gleichzeitig hat man mehr Spaß und Freude, engagiert sich mehr und hier liegt auch eine wichtige Quelle für die eigene Motivation. Dazu muss man natürlich erst einmal analysieren, wo die Stärken liegen. Am besten schreiben Sie auch gleich auf, welche Tätigkeiten Sie besonders gerne übernehmen.

Übung
Machen Sie sich eine Liste von den Dingen, die Sie besonders gut können und gleich noch eine Liste von den Dingen, die Ihnen besondere Freude bereiten.
Versuchen Sie jeweils mindestens 10 Dinge zu finden.

Die Dinge, die in beiden Listen auftauchen, dürften Ihre besonderen Stärken sein.

Übung
Drehen wir den Spieß um. Worin liegen Ihre (vermeintlichen) Schwächen. Auch diesmal können Sie wieder zehn Dinge aufschreiben.

Jetzt entscheiden Sie sich bitte: Wollen Sie sich um diese vermeintlichen Schwächen tatsächlich im Moment kümmern oder wollen Sie sie einfach ignorieren. Sich selbst zu motivieren bedeutet auch, nicht immer über die eigenen, vermeintlichen Schwächen zu grübeln, sondern zu akzeptieren, dass Sie nicht auf allen Gebieten gut sein können. Wer vieles kann, ist meist im Detail nicht so versiert. Also: Konzentrieren Sie sich auf Ihre Stärken und lassen Sie andere das tun, was sie ohnehin besser können als Sie.

Jeder Mensch hat nur eine bestimmte Energie. Verteilen Sie Ihre Energie auf Ihre verschiedenen Lebensbereiche. Schaffen Sie sich einen Ausgleich zu Ihrem Beruf, aber einen Ausgleich, der diesen Namen tatsächlich verdient. Denken Sie daran, dass derjenige, der zu viel auf eine Karte setzt, schnell frustriert ist, wenn es einmal nicht so optimal klappt. Begeben Sie sich nicht zu stark in die Abhängigkeit von Ihrem Erfolg.

5. Stehen Sie sich nicht selbst im Wege

Manche Menschen hadern sehr mit sich und ihren Lebensumständen. Sie sind unzufrieden und trauern häufig der Vergangenheit nach. Andere entwickeln irrationale Vorstellungen von der Zukunft und warten auf einen Märchenprinzen oder auf den Lottogewinn, der alle Sorgen von ihnen nimmt.

Sie leben hier und jetzt. Leben Sie den Augenblick und hüten Sie sich davor, die Gegenwart immer mit Vergangenem zu vergleichen oder darauf zu hoffen, dass es irgendwann viel besser wird. Jeder Lebensabschnitt hat seine Vorteile. Jeder Vergleich mit früher hinkt, denn erstens haben Sie heute einen anderen Blickwinkel und ein anderes Bewusstsein, zweitens verklärt sich im Laufe der Jahre der Blick.

Warten Sie nicht darauf, dass Sie in 10 Jahren feststellen, dass Sie es eigentlich zu der Zeit, in der Sie jetzt leben, besser hatten. Warten Sie nicht, bis Sie einsehen müssen, dass sich weder der Märchenprinz noch der Lottogewinn einstellen wird.

Genießen Sie den Augenblick. Sie können nicht in die Zukunft sehen und an der Vergangenheit zu hängen, bringt Sie auch nicht weiter. Im Gegenteil: Der Blick auf die Gelegenheiten und Möglichkeiten der Gegenwart wird verstellt.

5.1 Spielen Sie nicht das Opfer

Leider neigen viele Menschen dazu, anderen die Schuld zuzuschieben nach dem Motto „*Wenn der nicht..., dann könnte ich ja...*“.

Daher sind die vielen Klagen, die man häufig am Arbeitsplatz hört, eigentlich nicht gerechtfertigt:

Wenn der Müller seine Wut nicht immer an mir auslassen würde.
Wenn man mich doch nur in Ruhe ließe.
Wenn man mit dem doch nur zusammenarbeiten könnte.
Bildlich gesprochen zeigen wir gerne auf andere, die zeigen aber wieder auf uns. Es gibt aber nicht nur Opfer, wobei der andere immer der Täter ist.
Machen Sie sich von der Opferrolle frei: Es gibt keine bösen Täter und keine Opfer, sondern nur Spieler, die den Verlauf und das Ergebnis des Spiels mitbestimmen können. Auch wenn einige Spieler etwas bessere Karten haben als andere.
Verabschieden Sie sich von Gedanken wie *Alle sind gegen mich.* Oder *Niemandem kann ich es recht machen.*
Sie sind kein geborener Verlierer. Dass nichts klappt, stimmt nicht, dass Sie keiner mag, erst recht nicht. Wer eine solche Einstellung hat, wird sich nach und nach immer mehr in seine Schmollecke zurück ziehen.
Eine solche Haltung ist meist im Laufe vieler Jahre gewachsen. Deshalb lässt sie sich auch nicht ohne weiteres ändern.
Das gleiche gilt für die „widrigen“ Umstände.

Übung
Denken Sie bitte an Ihre letzte gelungene Prüfung und beantworten Sie die folgenden Frage: Woran lag es, dass Sie so gut abgeschlossen haben?
- ❑ Ich war einfach gut vorbereitet.
- ❑ Ich hatte einfach nur Glück.
- ❑ Die Aufgaben waren einfach.
- ❑ Ich bin ein Prüfungstyp.

Bei diesem kleinen Test gibt es zwei Möglichkeiten: Entweder Sie sehen den Grund für Ihren Erfolg eher bei sich (Antwort 1 und 4) oder Sie sehen sich eher als „Opfer" der Umstände (Antworten 2 und 3).
Wer immer nur Pech hat, ist nie selbst dran Schuld, kann folglich auch nichts tun, um sein „Schicksal" zu beeinflussen. Eine recht bequeme Haltung. Außerdem eine Haltung, die oft etwas mit Ängsten zu tun hat. Machen Sie sich nicht zum Opfer Ihrer Ängste.
Jeder Mensch hat Ängste. Den Ausspruch *Angst lähmt* kennen Sie sicher.
Gehen Sie ihre Ängste an. Angst veranlasst uns, zurück zu stecken und unseren Radius einzuschränken. Neue Erfahrungen werden verhindert, weil viele Situationen angstbesetzt sind.

Beispiel: Sie haben Angst, vor anderen zu sprechen. Folglich werden Sie solche Situationen vermeiden. Der Nachteil: Sie werden nie erfahren, dass es für Sie vielleicht doch nicht so schwierig ist, wie Sie im Moment denken.
Lassen Sie sich von Ihren Ängsten nicht leiten. Probieren Sie aus, wie „schlimm" es wirklich ist. Fangen Sie mit kleinen Schritten an. Sie müssen ja nicht gleich einen Vortrag vor 500 Leuten halten. Sie werden meist schnell erfahren, dass das alles halb so schlimm ist. Mit der Zeit und der Übung kann es Ihnen dann möglicherweise richtig Spaß machen.
Wir alle schaffen uns Grenzen. Grenzen, die wir uns nicht trauen zu überschreiten. Was wir hingegen gut können, ist, Begründungen zu finden, warum wir Dinge nicht wollen, können, dürfen, möchten. Je mehr Grenzen

wir uns aber setzen, desto kleiner wird unser Spielraum – bis wir unser Leben als langweilig empfinden, weil wir uns selbst keine neuen Impulse mehr gönnen.

5.2 Vermeiden Sie die Ablenkungsfalle

Sie haben viel zu tun, Sie haben viele Verpflichtungen. Und Sie sehen sich vielen attraktiven Möglichkeiten gegenüber, sich abzulenken. Viele Freizeitmöglichkeiten stehen Ihnen zur Verfügung, um sich zu entspannen und nicht mehr an den Frust im Job denken zu müssen. Die bequemsten Möglichkeiten sind dabei wohl das Fernsehen und Computerspiele, denn da braucht man noch nicht mal seine Wohnung zu verlassen. Schnell ist man deshalb geneigt, sich ablenken zu lassen.
Übrig bleibt dann aber schon mal ein fahler Geschmack, wenn Sie am Sonntag Abend feststellen, dass das Wochenende eigentlich genauso unbefriedigend und leer war wie mancher Arbeitstag. Kennen Sie das Gefühl, dahin zu treiben, Zeit zu verplempern?
Das bedeutet nun nicht zwangsläufig, dass Sie den Fernseher aus Ihren vier Wänden verbannen sollten. Das Schlüsselwort lautet: bewusst nutzen.

Übung
Welche Ablenkungen sollten Sie einschränken? Welche kosten zu viel Zeit?

Entscheiden Sie: Wollen Sie die Ablenkung einschränken oder ganz aufgeben? Und: Womit wollen Sie anfangen? Stellen Sie eine Prioritätenliste auf.

So ungewöhnlich sich dies vielleicht anhört, aber der Ablenkungsfalle entgeht man nur, wenn man seine Zeit plant, auch die Freizeit. Dazu gehört auch, dass Sie sich wegen einer anstrengenden Woche bewusst für Ablenkung und Entspannung entscheiden.

5.3 Gehen Sie Dinge beherzt an

Gibt es Dinge, die Sie ungern tun? Wohl alle Menschen können diese Frage mit einem JA beantworten. Wer geht schon gerne zum Zahnarzt oder lässt sich von seinem Chef zu einem Kritikgespräch bitten? Bei manchen unangenehmen Dingen haben Sie richtige Probleme, sich aufzuraffen und sie anzugehen. Viele entwickeln eine enorme Kreativität, sich Sachen auszudenken, die sie unbedingt vorher noch tun müssen.
Beispiele aus dem täglichen Leben:

1. Herr Müller muss dringend einen Bericht schreiben. Anstatt damit zu beginnen, erledigt er zunächst schnell die Post, macht noch die Ablage fertig und gießt die Blumen. Ein Telefonat ist die willkommene Ablenkung. Erst „in letzter Minute“ wird der Bericht noch fertig.

2. Frau Schmitz will sich seit Monaten auf eine höherwertige Stelle bewerben, hat aber nicht den Mut, es zu tun. Als Ausrede sagt sie: *Ich habe keine Zeit, mich darum zu kümmern.*

Jeder kennt Tätigkeiten und Vorhaben, mit denen er sich am liebsten gar nicht beschäftigen würde. Dies

sind oft Tätigkeiten, die langweilig und eintönig oder die schwierig und heikel sind.
Unangenehme Dinge vor sich her zu schieben hat zwei große Nachteile: Die Dinge lösen sich nicht in Luft auf und Sie haben ein schlechtes Gewissen, was wiederum schlecht für Ihre Motivation ist. Gehen Sie es doch besser an und belohnen Sie sich hinterher dafür, nach dem Motto: *Es gibt nicht Gutes, außer man tut es.*
Danach haben Sie den Kopf frei für andere Dinge. Für die Tendenz, Sachen immer wieder zu verschieben, gibt es sogar einen Fachbegriff, die *Aufschieberitis* oder lateinisch *Procrastination*.

Übung
Kennen Sie solche Aufgaben, die Sie am liebsten schnell wieder los würden? Schreiben Sie sie bitte auf.

Aufschieberitis ist wie eine Sucht. Jeder ist in Gefahr, dieser Sucht zu verfallen. Wenn es im Einzelfall passiert, ist es unproblematisch. Die Dinge generell aufzuschieben hat jedoch meist negative Konsequenzen. Von außen z.B. als Vorwürfe und Erfolglosigkeit oder von innen in Form von Schuldgefühlen und Ängsten.
Gehen Sie zunächst der Ursache für das Aufschieben von Aufgaben auf den Grund. Fragen Sie sich: Ist die Aufgabe unangenehm? Ist sie zu schwierig? Besteht die Notwendigkeit, eine Entscheidung zu treffen? Die Aufgaben verschwinden nicht von selbst. Früher oder später müssen Sie sie ohnehin erledigen.
Versuchen Sie, die Gründe zu analysieren und abzustellen. Fangen Sie an, Ihre Aufgaben nach Plan und Termin zu erledigen.

Schreiben Sie alle unerledigten Arbeiten auf, die Sie bisher vor sich her geschoben haben.
Welche dieser Arbeiten wollen Sie tatsächlich angehen, welche aufgeben, welche delegieren?
Bis wann wollen Sie sie erledigen? Versehen Sie die Aufgabe mit einer Priorität und tragen Sie sie in Ihrem Terminkalender ein.
Motivieren Sie sich mit einer Belohnung, wenn Sie die Aufgabe abgeschlossen haben. Gönnen Sie sich aber eine Verschnaufpause. Machen Sie also nicht gleich mit der nächsten unangenehmen Aufgabe weiter, sondern schieben Sie erst einmal eine einfache Aufgabe, die Ihnen liegt, dazwischen.

Fangen Sie lieber gleich mit der Erledigung der Aufgaben an. Das entlastet Sie unmittelbar und Sie haben später Zeit für andere Dinge. Außerdem hält es Ihren Kopf frei.

5.4 Schaffen Sie sich Ihre Probleme vom Hals

Jeder Mensch hat Probleme. Haben Sie sich auch schon mal gedacht: „*Deine Probleme möchte ich haben?*" Die Wahrnehmung eines Problems ist subjektiv. Sie können sie auch beeinflussen, indem Sie sich nicht von Problemen verrückt machen lassen und Probleme systematisch angehen.
Wenn Sie mal wieder über Ihre Probleme nachdenken und Ihr Leben als „Tal der Tränen" sehen, fragen Sie sich, wie gravierend Ihre Probleme tatsächlich sind:

- Haben Sie eine lebensbedrohliche Krankheit?
- Stehen Sie vor dem Ruin und sehen keine Chance, dort jemals wieder heraus zu kommen?
- Hat Ihr Mann/Ihre Frau Sie gerade verlassen und gleich noch Ihre Kinder mitgenommen?
- Müssen Sie aus der Not heraus Ihr Haus verkaufen?

„Nein“, werden Sie jetzt vielleicht sagen, „so schlimm ist es nun auch wieder nicht“. Dann haben Sie Glück gehabt. Sie sehen, so tragisch sind manche „Probleme“ nämlich gar nicht. Probleme verschwinden manchmal von selbst, aber Warten darauf kann ganz schön lange dauern. Deshalb sollten Sie überlegen, wie Sie sich Probleme vom Hals schaffen können.

Legen Sie eine Liste mit all Ihren Problemen an. Fangen Sie mit den schwerwiegenden an:

____

____

____

____

Überlegen Sie, welchen Anteil Sie am Misserfolg haben und denken Sie an die Hilfen, die Ihnen zur Verfügung stehen, um Misserfolge zu vermeiden: etwa eine genaue Planung, das Heranziehen anderer bei Entscheidungen, eine Risikoanalyse, ein systematisches Qualitätsmanagement. Probieren Sie diese Hilfen aus.
Überlegen Sie auch, ob Sie Einfluss auf das Problem haben. Bevor Sie sich hinter ein Nein zurückziehen, überlegen Sie bitte noch einmal genauer: Haben Sie wirklich keinen Einfluss?

Ihr Chef ist eine schwierige Persönlichkeit.	Dann können Sie • sich vielleicht zurück ziehen • sich versetzen lassen, • dafür sorgen, dass er sich Ihnen gegenüber anständig verhält • Das Gespräch suchen.
Sie arbeiten zuviel. Ihre Blutwerte sind alles andere als optimal	Dann können Sie • sich gesünder ernähren • für mehr Ausgleich sorgen • sich sportlich betätigen • mit dem Rauchen aufhören • abnehmen • weniger arbeiten.

Statt eine Situation als unlösbar abzutun, sollten Sie lieber Ihre Energie darauf verwenden, eine brauchbare Lösung zu finden. Überlegen Sie, was Sie machen können, treffen Sie Entscheidungen und setzen Sie sie um. Denken Sie daran: Auch eine Nicht-Entscheidung ist eine Entscheidung! Nämlich dafür, den derzeitigen Zustand aufrecht zu erhalten und mögliche Chancen nicht wahrzunehmen.

Nur wer sein Leben selbst in die Hand nimmt, nicht immer nur hadert, nicht überall Schwierigkeiten sieht, wer Dinge angeht und Probleme aus dem Weg räumt, wird das Gefühl entwickeln, sein Leben zu gestalten. Der positive Effekt: Sie lernen und erweitern Ihre Grenzen.

6. Gehen Sie auf andere zu

Der Mensch ist nicht dazu geschaffen, alleine zu sein, zumindest nicht auf Dauer. Alleinsein ist dann attraktiv, wenn man allein sein will, nicht wenn man allein sein muss.
Das Gefühl, in einer Gemeinschaft aufgehoben zu sein, gemeinsame Aufgaben und Interessen zu haben, ist ein wichtiger Motivationsfaktor. Nun kann sich nicht jeder einer glücklichen Familie und eines großen Freundeskreises rühmen. Auch Beziehungen sind brüchig. Fühlen Sie sich selbst unwohl, haben Sie das Gefühl, das Schicksal hadert mit Ihnen, werden Sie auch auf andere Menschen keinen positiven Eindruck machen.

6.1 Umgeben Sie sich mit angenehmen Menschen

Wie gut Ihre Selbstmotivation ist, hat natürlich auch etwas damit zu tun, mit welchen Menschen Sie ihre Zeit verbringen. Das gilt eingeschränkt für Ihre Arbeit, wo Sie es sich nicht immer aussuchen können, aber auf jeden Fall für Ihr Privatleben! Umgeben Sie sich mit Pessimisten, so wird es nicht lange dauern, bis Sie selbst trüben Gedanken nachhängen.
Listen Sie Arbeitskollegen, Freunde und Bekannte auf. Überlegen Sie, mit wem Sie gerne zusammen sind, wo Sie sich lebendig fühlen, mit wem Sie auch schon mal herzhaft lachen können:

____

____

____

Versuchen Sie Zeit mit ihnen zu verbringen, auch, wenn Sie selbst nicht so gut drauf sind.
Achten Sie darauf, dass Sie Menschen finden, die Ihre Hobbies, Ihre Freizeitgewohnheiten mit Ihnen teilen. Dann können Sie Ihre Zeit mit netten Menschen verbringen und sich den Aktivitäten widmen, die Ihnen besonders viel Spaß machen.
Aber Achtung: Masse heißt nicht gleich Klasse! Wenige, aber intensive Freundschaften bringen Ihnen wahrscheinlich mehr Freude als viele Bekannte zu haben. Im Beruf ist das aber meist nicht möglich. Hier sollten Sie versuchen, auf sich selbst zu hören und weniger auf die düsteren Visionen der Kollegen.

6.2 Reden Sie mit anderen über Ihren Frust

Mit anderen über seinen Frust zu reden, ist eine wichtige Hilfe, besser mit ihm zurecht zu kommen. Nutzen Sie dies. Suchen Sie das Gespräch mit Ihrem Partner, mit Ihren Freunden, mit allen, denen Sie vertrauen können. Erzählen Sie von Ihren Problemen. Das hat gleich mehrere Auswirkungen:
Erstens tun es Ihnen sicherlich gut, sich einfach einmal den Frust von der Seele zu reden.
Zweitens kommen Sie bereits durch die geistige Auseinandersetzung und das Verbalisieren von Problemen selbst auf Ideen, wie Sie damit (besser) umgehen können.
Drittens kennt Ihre Vertrauensperson Sie und kann Ihnen manch guten Tipp geben.
Dazu müssen Sie natürlich Leute haben, mit denen Sie auch Persönliches besprechen können, auch für Sie eher

unangenehme Dinge. Und diese Menschen müssen auch Interesse mitbringen, im Idealfall noch gute Zuhörer sein. Überlegen Sie mal: Wer kommt in Ihrer Familie, in Ihrem Freundes- und Bekanntenkreis für solche persönlichen Gespräche in Frage, zu wem haben Sie ein Vertrauensverhältnis? Fällt Ihnen niemand ein, mit dem Sie über private oder/und Sorgen im Job ungeschminkt reden können, sollten Sie sich jemanden suchen.

Das ist manchmal einfacher gesagt als getan. Eine Beziehung braucht Zeit, bis sie sich entwickelt hat. Investieren Sie diese Zeit, denn mindestens eine Vertrauensperson braucht jeder Mensch.

6.3 Achten Sie auf ein gutes Miteinander

Ein gutes Miteinander ist für die Arbeit und für die Motivation ungemein wichtig. Sie verbringen nun mal viel Zeit mit Ihren Kollegen, dann sollte die Zeit im Büro Ihnen auch gefallen, auch etwas Spaß und Freude bringen. Dazu können Sie einiges beitragen:

- Gehen Sie auf Ihre Kollegen zu. Zeigen Sie Ihr Interesse.
- Nehmen Sie prinzipiell an geselligen Veranstaltungen teil.
- Gehen Sie auch mal gemeinsam mit den Kollegen essen.
- Unterhalten Sie sich mit Ihnen. Ein wenig Small talk schadet nie.

Das ist die eine Seite der Zusammenarbeit.

Im Arbeitsalltag müssen aber auch Menschen – mehr oder weniger freiwillig – miteinander auskommen, die

im Privatleben einen großen Bogen umeinander machen würden.
Schwierigkeiten zwischen Kollegen entstehen oft dadurch, dass unterschiedliche Einstellungen, Vorstellungen, Eigenarten und Erfahrungen aufeinander treffen. Vermeiden Sie Konfliktsituationen wie etwa:
Sie sind ein gesundheitsbewusster Mensch und natürlich Nichtraucher. Dann dürfte ein rauchender Kollege im gemeinsamen Büro schnell zu Problemen führen.
Sie sind karrierebewusst. Dann sollten Sie die Zusammenarbeit mit Kollegen meiden, die Dienst nach Vorschrift machen.
Versuchen Sie nicht, Ihre Kollegen zu „erziehen“. Viele Menschen versuchen, andere zu ändern. Untersuchungen zeigen jedoch, dass Menschen ihre grundsätzliche Orientierung, Einstellung und ihre Werte meist vor dem 30. Lebensjahr gefunden haben.
Akzeptieren Sie die persönlichen Eigenarten Ihrer Kollegen, zumal Sie mit hoher Wahrscheinlichkeit auch liebenswerte Eigenschaften haben.
Nehmen Sie die Menschen so, wie sie sind und achten Sie darauf, dass es durch die Unterschiede keine Reibungsverluste gibt. Wenn Sie wissen, dass ein Kollege sehr empfindlich auf ein bestimmtes Thema reagiert, gehen Sie entsprechend vorsichtig mit diesem Thema um. Sehr wichtig für eine harmonische Zusammenarbeit ist eine gute Informations- und Kommunikationskultur. Seien Sie ein Vorbild. Informieren Sie andere ausführlich genug, eindeutig und offen. Probleme kommen schnell auf, wenn die Kommunikation nicht klappt.
Probleme im Team kann es auch geben, wenn die Arbeit nicht gut organisiert wird und die Kollegen pri-

mär ihr eigenes Wohl im Kopf haben. Hier müsste eigentlich der Vorgesetzte für Besserung sorgen. Vielleicht achten Sie aber auch auf diese Dinge, um sie bei Bedarf anzusprechen:

- schlechte Rahmenbedingungen wie veraltete oder ungenügende Ausstattung
- unterschiedliche Zielvorstellungen
- unterschiedliche Interessen
- unterschiedliche Arbeitsbelastung
- unterschiedliche Verteilung von Privilegien
- Konkurrenz- und Machtkämpfe
- unklare Zuständigkeiten
- mangelhafte Organisation der Abläufe.

Welche Punkte möchten Sie in der Zusammenarbeit mit Ihren Kollegen gerne verändern? Mit wem wollen Sie darüber reden? Können Sie das Arbeitsklima nicht über Gespräche verbessern, sollten Sie versuchen, Ihre eigene Einstellung und Ihr eigenes Verhalten zu ändern. Erstens ist dies erfolgsversprechender, zweitens destabilisieren Sie durch Ihr neues Verhalten die Situation und haben gute Chancen, dass sich auch die anderen ändern, um die Situation wieder zu stabilisieren.

Gute Beziehungen zu anderen zu haben ist ein wichtiger Motivationsfaktor. Suchen Sie sich Leute, mit denen Sie sich gut verstehen und mit denen Sie Ihre Hobbys, Ihre Neigungen teilen. Arbeiten Sie an Ihren Beziehungen – gute Beziehungen muss man sich erarbeiten, dabei Zeit und Energie investieren. Hüten Sie sich vor Miesmachern und unzufriedenen Menschen. Dies gilt für den Privatbereich, aber auch für den Beruf.

7. Bleiben Sie am Ball!

Am Ball bleiben, mitspielen können, am Erfolg teilhaben, den Sieg genießen, nicht im Abseits stehen, nicht ausgewechselt werden, diese Metapher lässt sich gut auf den Beruf übertragen. Auch hier möchten Sie sicherlich „am Ball bleiben“. Allein schon deshalb, weil Anerkennung und Prestige wichtige Motivationsquellen sind. Kaum jemand fühlt sich auf der Verliererseite wohl.

7.1 Hüten Sie sich vor zu viel Routine

In den allermeisten Berufen und in der Freizeit ähneln sich die Tätigkeiten und Abfolgen doch sehr. Spätestens nach fünf sechs Jahren ist im Job sehr vieles zur Routine geworden. Haben Sie auch manchmal das Gefühl, in einer Sackgasse zu stecken?

Suchen Sie sich neue Anregungen. Demotivation hat viel mit Unterforderung zu tun. Aufgaben müssen einen Anreiz haben, um für Sie interessant zu sein. Und selbst anfänglich interessante Arbeiten verlieren durch Routine nach und nach an Wert für Ihre Motivation: Sie werden langweilig.

Gehen Sie Neues an. Haben Sie keine Angst vor Fehlern. Nur wer sich nicht bewegt, kann auch keine Fehler machen. Fehler sind unvermeidbar und auch notwendig. Denn ohne Fehler kann man nicht lernen, wie man es besser machen kann. Denken Sie daran: Fehler sind keine Stolpersteine, sondern Trittsteine!

Analysieren Sie die Ursachen für Fehler und lernen Sie daraus. Suchen Sie nach Ihrem eigenen Anteil. Wenn Sie sich nicht sicher sind, wie gut Sie das selbst beurteilen können, fragen Sie andere nach ihrer Meinung.

Wer vor allem darauf bedacht ist, Risiken auszuschließen, Fehler zu vermeiden, der wird sich auf das beschränken, was er am besten kann. Und das sind meist Routineaufgaben. Routine ist aber schlecht für die Motivation. Motivation braucht Herausforderung und neue Erfahrungen. Der positive Nebeneffekt: Wer für neue Erfahrungen offen ist, erweitert seinen Horizont, weiß mehr, kann mehr.
Menschen brauchen Herausforderungen. Das muss ja nicht gleich die Besteigung des Mont Blanc oder der Sieg im Biathlon sein. Auch in Ihrem Alltag stecken viele kleine Gelegenheiten, viele Herausforderungen. Sie müssen Sie nur sehen und annehmen: Die Konferenz organisieren, ein Projekt leiten, seine Verkaufszahlen trotz Rezession erhöhen, ja selbst sich gegenüber einem unverschämten Vertreter durchzusetzen ...
Suchen Sie ganz bewusst nach Herausforderungen. Testen Sie Ihre Grenzen und erweitern Sie sich durch die Erfahrungen, die Sie sammeln, systematisch. Wachsen Sie mit den Herausforderungen – Schritt für Schritt. Aber nehmen Sie nur Herausforderungen an, die Sie überblicken und bei denen Sie ein gutes Gefühl haben. Sonst kann Überforderung schnell Misserfolgs- und Frusterlebnisse hervorrufen.

7.2 Bleiben Sie flexibel

Warten Sie auch darauf, dass Ihnen der Top-Job angeboten wird? Darauf, dass Sie eines Tages angerufen werden, und man Ihnen eine Aufgabe anbietet, die genau Ihren Fähigkeiten entspricht und zudem noch richtig gut bezahlt wird?

Wahrscheinlich können Sie sehr lange auf diesen Anruf warten. Falls Sie wirklich mittel- oder langfristig eine andere Aufgabe suchen, müssen Sie selbst aktiv werden. Einerseits sollten Sie dafür sorgen, dass Ihr Marktwert entsprechend hoch ist und andererseits, dass man Sie „kennt". Betreiben Sie Marketing in eigener Sache!

Kennen Sie den Spruch?: Unternehmen stellt am liebsten 30jährige mit 20 Jahren Berufserfahrung ein! Das ist natürlich Unsinn. Denn dahinter verbirgt sich ein einfacher Gedanke: Unternehmen suchen flexible Mitarbeiter mit guten Kenntnissen und Erfahrungen. Diese Kenntnisse und Erfahrungen können Sie sich systematisch aufbauen.

Gelegenheiten gibt es wahrscheinlich genügend. Sie müssen sie allerdings erkennen und dazu ist ein waches Auge nötig. Von guten Gelegenheiten erfährt man nur, wenn man sich darum kümmert, mit anderen redet, sich auf dem aktuellen Stand hält.

Eine zweite Möglichkeit: Sie suchen aktiv nach Gelegenheiten. Das muss nicht das Existenzgründerseminar sein. Nein, auch in Zeitungen, Büchern und Fachzeitschriften, auf Tagungen und Kongressen, bei Fortbildungen finden Sie Anregungen.

Flexibel sein heißt auch, sich nicht in eine Idee zu verrennen und unbeirrt daran festzuhalten, egal wie gering die Aussichten auf Erfolg sind.

Beispiel: Sie haben mit viel Engagement und Herzblut eine kleine Firma aufgebaut. Der Firma geht es seit mehreren Jahren schlecht. Die Verbindlichkeiten wachsen mehr und mehr. Objektiv betrachtet sind die Chancen, die Firma wieder auf solide Füße zu stellen, gering: Weil dazu gleich mehrere günstige Bedingun-

gen zusammen treffen müssten. Dauerhafte Belebung der Konjunktur, mehr Kunden gewinnen in einem schwierigen Markt, deutliche Erhöhung der Gewinnmarge trotz harter Konkurrenz. Trotzdem würde es Ihnen wahrscheinlich schwer fallen, die Flinte ins Korn zu werfen, Konkurs anzumelden oder zumindest einen anderen Geschäftsbereich aufzubauen. Der Grund liegt natürlich darin, dass Entscheidungen meist aus dem Bauch heraus gefällt werden. Das ist vielfach auch richtig so, aber spätestens wenn aus Durchhaltevermögen Sturheit wird und aus Sturheit Verbissenheit, fehlt die Flexibilität, Dinge neu zu bewerten und zu ändern. Und dann müssen Sie – statt Ihre neuen Ideen umzusetzen – sich mit Kunden auseinandersetzen, die nichts kaufen wollen und mit Lieferanten, denen Sie Geld schulden.
Das heißt natürlich nicht, dass Sie bei dem geringsten Anzeichen von Problemen die Flinte ins Korn werfen sollen. Verfolgen Sie Ihre Vorhaben und Ziele mit Ehrgeiz und Ausdauer, auch wenn Schwierigkeiten auftauchen. Arbeiten Sie dann an Ihren Zielen weiter, wenn Sie

- Anzeichen für erste Erfolge sehen
- Sie immer wieder auf Leute treffen, die Ihre Meinung teilen
- Die Entwicklung parallel zu Ihrem eingeschlagenen Weg verläuft.

Nur wer Chancen sieht und Chancen wahrnimmt, wer sich im richtigen Augenblick über Bedenken hinweg setzt und eine Gelegenheit beim Schopfe packt, wird sich entwickeln, seinen Horizont erweitern und sich noch mehr Möglichkeiten eröffnen.

Mit zunehmendem Alter wächst die Gefahr, dass man neuen Erfahrungen weniger aufgeschlossen ist. Achten Sie auf sich und schränken Sie sich nicht unnötig ein.

7.3 Achten Sie auf Ihre Gewohnheiten

Der Mensch ist ein Gewohnheitstier. Zwischen Aufstehen und Einschlafen tun wir sehr viele Dinge aus Gewohnheit, ohne mit den Gedanken dabei zu sein. Solche Gewohnheiten sind wichtig, denn sie entlasten. Alles bewusst zu tun, kostet Sie erstens viel Kraft und zweitens belastet es Sie unnötig. Gewohnheiten helfen. Je komplizierter die Umwelt, je mehr Sie zu tun haben, desto wichtiger sind Gewohnheiten. Wie sehr wir von Gewohnheiten abhängig sind, zeigt sich beispielsweise, wenn Sie mal wieder Ihren Schlüssel suchen. Sie wissen, Sie haben ihn eingesteckt, aber wohin, das haben Sie nicht richtig „mitbekommen".

„Immer wieder klammert man sich an das Liebgewonnene und meint, es wäre Treue. Es ist aber bloß Trägheit."

Hermann Hesse

Gewohnheiten haben aber einen deutlichen Nachteil: Sie haben keinen „Erlebniswert". Je stärker unser Alltag durch Gewohnheiten geprägt ist, je mehr wir sozusagen automatisiert ablaufen, desto langweiliger erscheint uns der Alltag. Stellen Sie deshalb Ihre Gewohnheiten auf den Prüfstand. Dies gilt besonders für die sogenannten „schlechten" Gewohnheiten.

Gewohnheiten lassen sich allerdings nicht einfach abstellen. Der Halbautomatismus entzieht Gewohnheiten unserer bewussten Wahrnehmung.
Die Entlastungsfunktion und der halbe Automatismus führen zudem dazu, dass es schwierig ist, Gewohnheiten aufzugeben.
Das kennen Sie sicherlich von den sogenannten schlechten Gewohnheiten: Sie bringen zwei Umstände mit sich, die sich negativ auf die eigene Motivation und das Wohlbefinden auswirken:

- Sie ärgern sich darüber, dass Sie die Gewohnheiten nicht in den Griff bekommen.
- Sie fühlen sich schwach, weil Sie trotz guter Vorsätze von den Gewohnheiten nicht loskommen.

Denken Sie daran: Jede Gewohnheit ist erlernt und kann auch wieder verlernt werden.
Der Grund ist einfach: Gewohnheiten lassen sich nicht einfach abstellen. Ungünstige Gewohnheiten loszuwerden schafft man mit der notwendigen Einsicht. Allerdings gelingt das meist nur, wenn man alte Gewohnheiten durch neue ersetzt und sich das neue Verhalten systematisch antrainiert. Wenn Sie Raucher sind und noch dem Essen das Bedürfnis haben, sich eine Zigarette anzuzünden, können Sie versuchen, stattdessen eine Tasse Tee zu trinken. Lassen Sie die Gewohnheit bestehen, aber koppeln Sie den negativen Teil ab, ersetzen Sie ihn. Also statt zu Süßigkeiten regelmäßig zu einem Apfel greifen, statt zur Bierflasche zu greifen sich ein Glas Orangensaft einzuschenken. Eins ist dabei leider unabdingbare Voraussetzung: Sie müssen das auch wollen! Wenn Sie sich nur ärgern, aber keinen

Leidensdruck spüren, wenn Sie Dinge nur halbherzig angehen, werden Sie möglicherweise schnell die Flinte ins Korn werfen.
Üben Sie das neue Verhalten häufig ein, dann wird es irgendwann zur Gewohnheit.
Je älter Sie sind, desto länger kann es jedoch dauern. Die Faustregel lautet: Wiederholen Sie das neue Verhalten mindestens so häufig wie Sie alt sind. Nur so kann sich das neue Gewohnheitsmuster durchsetzen.
Wenn das neue Verhalten dann zur Gewohnheit geworden ist, legt unser Gehirn eine Art Kippschalter um. Beispiel: Sie haben angefangen zu joggen. Am Anfang mussten Sie sich dazu aufraffen, doch nach einiger Zeit merken Sie, dass Ihnen das Joggen fehlt, wenn Sie einmal nicht dazu kommen. Das ist der Zeitpunkt, an dem sich die neue Gewohnheit eingeschliffen hat.
Fangen Sie also mit kleinen Schritten an. Seien Sie pünktlich im Büro, tun Sie jeden Tag etwas für die Fortbildung, treiben Sie ab sofort jeden Tag zwei Stunden Sport. Aber Achtung, fangen Sie lieber langsam an und seien Sie dafür stetig. Ein Sportler macht sich schließlich auch erst warm. Sorgen Sie gerade am Anfang für schnelle und sichere Erfolgserlebnisse. Das motiviert ungemein. Neue Gewohnheiten etablieren sich dann besonders schnell, wenn Sie Teile der alten Gewohnheiten übernehmen, etwa die Zeit, den Ort, die Umstände.

Lassen Sie sich durch Rückschläge nicht aus der Bahn werfen. Wenn Sie sich vorgenommen haben, jeden Tag Zeit für die eigene Fortbildung einzuplanen und schaffen es nicht, das durchgängig einzuhalten, macht nichts. Sehen Sie auf die vielen Male, an denen es geklappt hat. Schließlich überwiegen die Erfolge deutlich.

7.4 Suchen Sie sich neue Felder

Fühlen Sie sich manchmal leer, gleichgültig und ausgebrannt?

Beschleicht Sie dieses Gefühl, wenn Sie einen Erfolg errungen haben, wenn es nicht mehr so recht weiterzugehen scheint, wenn das Ende der Karriere sich abzeichnet?

Dann fehlen Ihnen vielleicht neue Anregungen. Menschen wollen gefordert werden, um zufrieden und motiviert zu sein. Nehmen Sie mangelnde Motivation als Zeichen dafür, dass Sie neue Herausforderungen und neue Ziele brauchen.

Auch wenn Sie Ihre Arbeit gut und gerne machen: Überlegen Sie nach 3, spätestens aber nach 5 Jahren, ob Sie nicht doch eine neue Herausforderung suchen sollten.

Ob Ihnen eine bestimmte Aufgabe liegt, können Sie durch die Teilnahme an einem einschlägigen Seminar oder einer Tagung heraus finden. So erweitern Sie Ihren Horizont und können gleichzeitig Ihr Interesse an anderen Aufgabengebieten testen.

Fragen Sie sich:

- Macht Ihnen Ihre derzeitige Aufgabe Spaß?
- Lernen Sie dabei immer wieder Neues oder ist doch schon sehr viel zur Routine geworden?

- Gibt es eine Aufgabe innerhalb oder außerhalb der Arbeit, die Ihren Neigungen, Ihren Kenntnissen und Ihren Vorlieben besser entsprechen würde?
- Gibt es eine Chance, in solch eine Position zu wechseln?
- Wenn Sie nach neuen Herausforderungen suchen, können Sie sich auch an anderen orientieren. Sprechen Sie mit anderen, fragen Sie sie um Rat:
- Was war bei ihnen die Ausgangssituation?
- Wie sind sie vorgegangen?

Achten Sie darauf, dass Sie die Vorgehensweise nicht eins zu eins übernehmen. Sie sind eine andere Person, die Rahmenbedingungen sind immer anders. Der Fachausdruck heißt innovative Imitation. Sie nutzen Wege, Konzepte, Strategien, die sich bei anderen bewährt haben und passen sie Ihrer Situation, Ihren Zielen und Wünschen an.
Wenn Sie beruflich weiter kommen wollen, noch eine kleine Hilfe: Suchen Sie sich eine Nische. Suchen Sie ein Gebiet, das die Konkurrenz noch nicht „entdeckt" hat, vielleicht etwas abseits vom „Mainstream"? Suchen Sie möglichst eine Qualifikation oder auch eine Zusatzqualifikation, die Sie in unterschiedlichen Arbeitszusammenhängen nutzen können. Beispiele dafür sind etwa Projektmanagement, Prozessmanagement, Qualitätsmanagement oder auch Schulungsspezialist.
Damit sind Sie gleich ein zweifacher Spezialist, zum einen in Ihrem Fachgebiet und zum anderen mit Ihrer Zusatzqualifikation. Seien Sie anderen eine Nasenlänge voraus!

7.5 Warten Sie nicht auf Wunder

Agieren Sie! Warten Sie nicht auf Gelegenheiten, die Ihnen das Leben quasi nach Hause liefert, denn es könnten viel zu wenige oder gar die falschen sein. Einfach abzuwarten, was passiert, ist keine sehr erfolgversprechende Strategie.
Wie viele Dinge gibt es in Ihrem Leben, mit denen Sie eigentlich nicht oder nicht mehr zufrieden sind? Wie häufig leben Sie mit Kompromissen? Wie häufig schrecken Sie vor Veränderungen zurück?
Durchforsten Sie Ihren Alltag und überlegen Sie, wo Sie „faule" Kompromisse eingegangen sind und bisher nicht den Mut oder die Energie gefunden haben, Engagements ohne Zukunft abzubrechen, Dinge wieder ins rechte Lot zu rücken und neue Perspektiven zu entwickeln.
Fragen Sie sich:
Wo leben Sie bei der Arbeit, in der Familie, bei Freunden und Bekannten mit „faulen" Kompromissen, mit Dingen ohne Zukunft?

Viele Menschen haben Probleme damit, sich zu entscheiden. Jemand, der wartet und der keine Wahl trifft, trifft die Wahl, nichts und besonders sich nicht zu ändern. Wer sich vor Anforderungen regelmäßig drückt, wird nie erfahren, dass vieles doch gar nicht so schwer ist. So wird er die Unsicherheit vielleicht nicht verlieren. Doch auch Unsicherheit ist ein Stressfaktor. Nutzen Sie den Aufenthalt in Ihrer Komfort-Zone, um sich auszuruhen und Kraft zu tanken. Ständig darin aufhalten sollten Sie sich nicht!

Es ist nicht so wichtig, wie man sich entscheidet, sondern dass man sich überhaupt entscheidet. Natürlich ist jede Entscheidung auch eine Festlegung. Aber auch jede Nicht-Entscheidung ist eine Festlegung und trägt genauso Risiken in sich wie eine Entscheidung. Eine Entscheidung birgt ein Risiko. Keine Entscheidung ist sicher.

Das Risiko kann man durch eine gute Entscheidungstechnik verringern. Ein Restrisiko bleibt aber immer. Bei hohem Risiko und großer Unsicherheit hilft Ihnen vielleicht die Technik des Worst-Case, um sich zu entscheiden. Stellen Sie sich vor, was schlimmstenfalls passieren kann, wenn Sie diese Entscheidung treffen. Sie stellen fest: Das ist meist nicht so dramatisch.

Vielleicht stellen Sie sich auch gleich vor, was schlimmstenfalls passieren kann, wenn Sie keine Entscheidung treffen.

Manche Entscheidungen sind trotz systematischer Suche nach der besten Lösung schwer. Dann können Sie versuchen, Entscheidungen „unter Vorbehalt“ zu treffen, die Tragweite von Entscheidungen zu erproben. Es gibt dazu drei Möglichkeiten:

Man experimentiert.	Man probiert Möglichkeiten aus, bis Ergebnisse sichtbar werden. Fallen sie ungünstig aus, sucht man einen anderen Weg.

Man geht stufenweise vor.	Man trifft erst eine Teilentscheidung, setzt sie um, überprüft das Resultat, entscheidet dann über das weitere Vorgehen.
Man setzt Bedingungen.	Die Entscheidung wird nur dann umgesetzt oder auch nur so lange umgesetzt, bis vorher definierte Bedingungen eintreten.

Eines aber ist gewiss: Nur wer sich entscheidet, kann Erfahrungen machen und nur wer Erfahrungen macht, entwickelt sich weiter. Ob Sie diese Erfahrungen als positiv oder als negativ empfinden, ist die eine Seite. Die andere Seite ist, dass man nur aus Erfahrung klug wird, wie das Sprichwort so schön sagt. Zumindest eines erreichen Sie sicher: Ihre nächste Entscheidung hat durch Ihre neuen Erfahrungen eine breitere Basis.
Gehen Sie Dinge an. Selbst wenn Sie schwierig erscheinen, ist es meist besser, etwas zu tun, als frustriert zu sein und auf ein Wunder zu hoffen.
Wenn Sie Dinge ändern wollen, müssen Sie dahinter stehen, es tatsächlich wollen. Der Fachausdruck dazu heißt intrinsische Motivation oder auch Motivation von innen. Probieren Sie es mit neuen Aufgaben, die schnell zu Erfolgen führen. Gehen Sie Schritt für Schritt vor, überfordern Sie sich nicht. Erhöhen Sie nach und nach die Anforderungen. Auf der anderen Seite: Bleiben Sie sich selbst gegenüber streng, lassen Sie keine Ausflüchte zu!
Allerdings gibt es natürlich auch Probleme, die im Moment nicht gelöst werden können. Sie haben einen schwierigen Chef? Sie können mit seiner Persönlich-

keit nicht umgehen? Sie haben eine Aufgabe übernommen, die für Ihre Karriere wichtig ist. Sie sagt Ihnen aber wenig zu? Dann hat es wenig Sinn, sich zu ärgern. Versuchen Sie, Abstand zu gewinnen, hören Sie auf, sich in Gedanken andauernd damit zu beschäftigen. Denn das nützt Ihnen wenig, bindet Ihre Energie und dämpft Ihre Motivation.

Veränderungen beginnen immer mit einem ersten, wenn auch noch so kleinen Schritt. Hauptsache, man kommt in Bewegung. Anders geht es aber auch nicht. Fragen Sie sich: Was wollten Sie schon lange mal tun oder erreichen und haben sich bisher gescheut, das Vorhaben in Angriff zu nehmen?

Natürlich gibt es viele Gründe, sich nicht zu bewegen, in der „Komfortzone" zu verbleiben. Aber denken Sie immer daran: Dann verändert sich auch nichts. Verschanzen Sie sich nicht hinter Floskeln wie „Das haben wir noch nie so gemacht", „Das kann ich eh nicht" oder „Das wird doch sowieso nichts". Das sind entweder Einwände oder Vorwände. Prüfen Sie doch einfach, wie Sie sich besser motivieren können. Setzen Sie sich Ziele, schaffen Sie sich Belohnungen!

Handelt es sich um Vorwände, verstecken sich meist Ängste und Befürchtungen dahinter, Befürchtungen zu versagen, es wieder einmal nicht zu schaffen. In diesem Fall hilft nur eine präzise und schonungslose Analyse, was Sie hindert und ob Sie diese Hinderungsgründe in den Griff bekommen können. Ohne diese Analyse und ohne eine realistische Einschätzung der Hinderungsgründe werden Sie mit hoher Wahrscheinlichkeit leider die Erfahrung machen, dass es tatsächlich nicht klappt.

Leider neigen die meisten Menschen dazu, sich in Ihrer Komfortzone gemütlich einzurichten. Mancher verliert dabei zunehmend die Energie und die Lust, sich zu bewegen, sich neuen Dingen zu stellen, seine Grenzen auszutesten und neue Erfahrungen zu machen. Besonders liebgewonnene Gewohnheiten hemmen womöglich in der Weiterentwicklung.
Da hilft nur eines: Brechen sie aus dem Alltag raus, gehen Sie die Dinge an – und warten Sie nicht darauf, dass sich etwas in Ihrem Sinne regelt. Wenn alle diese Tipps Ihnen noch nicht den gewünschten Motivationsschub gebracht haben und Sie etwas suchen, was Sie dauerhaft motiviert, hier ein letzter, persönlicher Tipp:

Betrachten Sie Ihr Leben als Theaterstück!

Nehmen Sie sich nicht allzu ernst und auch Ihre Umwelt nicht. Das Leben hat nun mal viele Facetten und manchmal zeigt es schon fast absurde Züge.
Der Soziologe Erving Goffmann beschreibt das Leben – wissenschaftlich fundiert – als Theaterstück: Wir spielen auf verschiedenen Bühnen, in der Firma, in der Familie, im Bekanntenkreis, im Verein. Manchmal erinnern bestimmte Rituale ja auch tatsächlich an Theater, etwa bestimmte Feste oder manches in der Politik. Auf den verschiedenen Bühnen spielen wir gleich verschiedene Rollen, in der Familie etwa den Ehepartner, Vater und Mutter, Sohn und Tochter, Bruder und Schwester, am Arbeitsplatz Führungskraft und Mitarbeiter und Kollege.
Es gibt aber noch jede Menge anderer Rollen: etwa den Freund, den Kunstliebhaber, den Sportsfreund.

Was Ihnen diese Sichtweise nützt? Betrachten Sie Ihre Rollen, Ihre Bühne auch mal als das, was es ja tatsächlich ist: nämlich Theater. Betrachten Sie es aus der Perspektive des Zuschauers, freuen Sie sich über das Schauspiel und darüber, dass Sie mitspielen dürfen. Diese Betrachtungsweise eröffnet Ihnen eine Reihe interessanter Perspektiven:

- Sie könnten zum Beispiel einzelne Rollen aufzugeben versuchen, die Sie nur ungern spielen.
- Sie könnten bestimmte Rollen mit Distanz spielen.
- Sie können Rollen unterschiedlich spielen, etwa mal den gütigen, väterlichen Vorgesetzten, mal den eher autoritären, leistungsorientierten Typ.
- Sie können durch Ihre Rollenausgestaltung andere aus ihren angestammten und gewohnten Rollenverhalten heraus locken.
- Sie können aber nicht nur Ihre Rollen spielen, sondern auch mit Ihren Rollen spielen.

Denn es gibt bei dem Spiel keine klaren Rollenanweisungen, Sie können jede Rolle aktiv mitgestalten, sich rollenkonform verhalten oder eben nicht. Finden Sie nicht auch, dass dies ein schöner Gedanke ist?
Denken Sie dabei an das geflügelte Wort: *Für den einen ist das Leben eine Tragödie, für den anderen eine Komödie!*

Literatur

- E. de Bono: Taktiken und Strategien erfolgreicher Menschen, Moderne Verlagsgesellschaft, München 1990

- U. und H. Heckhausen: Motivation und Handeln, Springer, Berlin u.a. 1989

- M. Stollreiter, J. Völgyfy: Selbstdisziplin, Gabal Verlag Offenbach 2001

- A. Koch, S. Kühn: Ausgepowert? Gabal Verlag Offenbach 2001

- H.-J. Gamm: Umgang mit sich selbst, Rowohlt Verlag, Reinbeck 1979

- M. von Münchhausen: So zähmen Sie Ihren inneren Schweinehund! Piper Verlag, München 2004

- A. Christiani: Weck den Sieger in Dir. Gabler Verlag, Wiesbaden 2000

- E. Goffman: Wir alle spielen Theater, Piper Verlag, München 2003

- A. von Knigge: Über den Umgang mit Menschen, Insel Verlag, Frankfurt 2001

- E. Engelmeyer, R. Meier: Zeitmanagement, Gabal Verlag Offenbach 2004

Register